THOMAS WÜST

tuschiert

ANSICHTEN EINER STADT

THOMAS WÜST

tuschiert

ANSICHTEN EINER STADT

Ungeheuer + Ulmer

VORWORT

CHRISTOPH NIEMANN

Ludwigsburg ist der Ort, der Thomas und mich verbindet. Ich bin nur noch selten da, aber es bleibt immer noch daheim. „Daheim" sind die vertrauten Straßen und Gebäude: das Schloss, die Emichsburg, die endlosen Kasernengebäude, die Schulen und (für mich das eigentliche Ludwigsburg-Icon) das Marstallzentrum – all das, was Thomas in diesem Band gezeichnet hat.

Neben diesen öffentlichen Orten waren es die privaten Räume, die uns geprägt haben. Ich lernte Thomas gegen Ende unserer Schulzeit kennen. Unsere Jugendzimmer waren von unserem Interesse an bildender Kunst bestimmt – allerdings auf sehr verschiedene Weise.

Für mich bedeutete „Kunst" vor allem die grandiosen Zeichnungen meiner Helden aus dem MAD Magazin, sowie Kandinsky, mit dem ich mich freudlos im Kunst-Leistungskurs beschäftigen musste. Mein Arbeitsplatz war begraben unter Bergen von Zeichenblocks mit hyperrealistischen Explosionen und Cartoongesichtern, die Tisch-platte (und alle Kleidungsstücke) waren übersät von Tuscheflecken. Thomas war kunsthistorisch deutlich weiter: Er war der Erste, der mir begeistert von Jospeh Beuys erzählte. Das zeigte sich auch an seinem Zimmer: ich erinnere mich an einen Boden voller großer rostiger Zahnräder, die er zu Skulpturen zusammengeklebte und an Experimente mit Kunstharz, in das verschiedene Objekte versenkt wurden – mit niedriger Erfolgsquote, aber bleibender Sauerei.

Viele Freundschaften enden, wenn man die Heimat verlässt. Unsere ist seitdem erst richtig gewachsen. Wir trafen uns während meines ersten Praktikums in New York, wo wir durch die Galerien und Museen zogen, und ich habe ihn besucht, als er in Budapest Medizin studierte und durfte in der anatomischen Fakultät am sehr authentischen Objekt zeichnen, während er im Raum nebenan eine Prüfung absolvierte.

Über die Jahre hat mir Thomas immer wieder Zeichnungen gezeigt, an denen er gearbeitet hatte. Hier eine kleine Vignette mit zwei Personen, dort eine Bleistiftzeichnung einer Landschaft in Italien. Vor ein paar Monaten jedoch, als wir uns mal wieder in Berlin getroffen haben, hatte er plötzlich eine große, prall gefüllte Mappe unter dem Arm. Darin waren Zeichnungen aus Ludwigsburg. Manche schnell, fast kalligraphisch, andere präzise und geduldig.

Das Beeindruckendste an den Arbeiten war aber gar nicht die handwerkliche Qualität – auch wenn ich weiß, welche künstlerischen Berge und Täler man durchwandern muss, um ein solches technisches Niveau zu erreichen. Was mich am meisten an den Blättern freut, ist was es in meinem Kopf auslöst. Viele der Blätter zeigen Ansichten, von denen ich vergessen hatte, wie gut ich sie kenne. Ein Detail auf meinem Schulweg von der Oststadt ins Mörike-Gymnasium, ein Strassenzug im Westen, den ich – schnell vorbeiradelnd – nie wahrgenommen hatte, aber der sich offensichtlich doch in meinem Kopf eingebrannt hatte. Die Zeichnung der Rundsporthalle – ein Blatt mit nur wenigen Strichen, die Beton und Glas andeuten – rüttelt sofort all meine Erinnerungen an die Basketball-Jahre wach, die ich hier verbracht habe (die Begeisterung des kindlichen Fans beim Anfeuern der Profimannschaft, das herrliche Quietschen der Turnschuhe in den eigenen Trainingseinheiten in der Jugendmannschaft und leider auch an den Geruch der Umkleiden).

Genau das ist es, was nur wenigen Zeichnern gelingt: einen Moment auf Papier zu bannen, der in uns Betrachtern das Gefühl auslöst, als sei das Blatt nur für uns alleine entstanden.

EINLEITUNG

THOMAS WÜST

Wie die meisten habe ich mich in der Schule gerne mit Zeichnen und Kritzeln abgelenkt *(und meiner Fantasie freien Lauf gewährt)* – dass dabei auch nicht jugendfreie Bilder entstanden sein könnten, ist kein Geheimnis.

Ich strapazierte die Gefühlswelt meiner Eltern, in dem ich in den folgenden Jahren alles zur Kunst verarbeitete und erhob: stahlblanke und wunderbar verrostete Getriebezahnräder vom nahegelegenen Schrottplatz der GETRAG, Gipsbinden aus der Praxis meines Vaters, alte Kassettenrekorder und Hühnerknochen. Und wenn ich einige Male die Gelegenheit hatte, durch einen einzelnen Kunstverkauf etwas Geld zu verdienen, war ich mächtig stolz darauf.

Später während meines Medizinstudiums war Zeichnen und Malen eine herrlich ausgleichende Abwechslung. Das entstandene Tagebuch berichtet heute noch beredt von Prüfungsängsten, Einsamkeit und Hochgefühl vor den Semesterferien. Häufig auf billigem Papier und mit entsprechenden Farben.

Mein Anatomieverständnis vertiefte ich durch das Zeichnen von Muskelgruppen an der Semmelweis Universität in Budapest. Unerreicht und beeindruckend sind die alten Anatomen, die ihre künstlerischen Fähigkeiten in den gezeichneten Anatomieatlanten zum Besten gaben!

Meine Arbeit als Arzt und Orthopäde liess mir in den folgenden Jahren nur wenig Zeit für die Kunst. Bis unsere drei Töchter alt genug waren, nach Stift und Papier zu greifen, und ich ihnen dann

Grundkenntnisse von Perspektive und diversen Maltechniken beibringen durfte. Im Urlaub gehörten seitdem Mal- und Skizzenbücher zur Grundausstattung. Wir übten uns in drei Minuten Zeichnungen, mit lustigen und bisweilen erstaunlichen Ergebnissen. Das Motto war „weniger Fotografieren, mehr Zeichnen", zur Schulung der Wahrnehmung. Am Ende unserer Ferien zeigten wir uns dann gegenseitig unsere Bilder. Es blieb offen, ob wir wirklich im gleichen Urlaub waren.

Zeichnen und Malen macht mich glücklich, zufrieden und gibt meinem Lebensinhalt etwas Beschauliches; häufig lässt es mein Herz höher schlagen. Es muss Leidenschaft sein, da ich mich frühmorgens oder spätabends stundenlang in mein Malstübchen zurückziehe, ohne dass es mir langweilig wird und ich zugegebenermaßen hin und wieder andere Personen belästigend von diesem Thema erzähle.

Es fordert mir Zeit, Geduld, Disziplin und Konzentration ab und manchmal ist es etwas anstrengendere Arbeit bis zum guten Gelingen eines befriedigenden Resultates. Immer wieder fühle ich mich als Amateur zwischen Selbstüberschätzung und zweifelnder Unsicherheit.

Dabei kann ich herunterfahren, meinen Stress bewältigen und immer wieder meine Aufgaben und Pflichten, gerade rund um die große Kehrwoche, vergessen.

Die hier ausgesuchten Bilder sollen einen Überblick meiner gesamten Serie darstellen und erheben keinen Anspruch auf Vollständigkeit. Sie sind mit Tusche, Feder, Pinsel und ab und zu mit einer Kanüle entstanden – ich kann es nicht lassen. Selten garniert mit der roten Farbe einer zufälligen schwäbischen Weinbegleitung oder einem grünen Salatdressing.

Einige Bilder haben einen biografischen bisweilen verklärten Hintergrund, rund um meine Jugendzeit im Otto-Hahn-Gymnasium, Nachmittage auf dem Tennisplatz Björn Borg nacheifernd, in meinem

Elternhaus über Hausaufgaben brütend, auf dem Schrottplatz wühlend, mit den SpVgg 07 Basketballern mitfiebernd.

Meine Motivation für das Buch liegt in der heimlichen Liebe zur Architektur mitsamt Konstruktion und Geschichte. Ideale Voraussetzung für meine Zeichensafaris wahlweise auf Schusters Rappen, alter Gazelle oder Gummikuh (Motorradliebhaber wissen Bescheid).

Dabei reizt mich die wechselvolle Architektur der Stadt, ein Spannungsfeld aus ovalem Barock, Sandstein und kantiger Moderne, Beton zwischen Funktionalität und Ästhetik. Beziehungsweise zwischen Mansardenwalm- und Flachdach, Ausdruck unverrückbarer mehr oder weniger bedeutender Bausubstanz.

Einige Bauwerke habe ich im Verlauf lieben und faszinieren gelernt, unter anderem die urbanen Leuchttürme als Hochhäuser in unserer Stadt, zwischen Ästhetik, Lebensgefühl und Konstruktion.

Es drängten sich mir im Arbeitsprozess unweigerlich Fragen auf wie oder was wäre, wenn Häuser oder Architektur Geschichten erzählen könnten? Neben dem „was" auch „wie" sie es erlebt haben? Gibt es Momente, in denen sich das Haus weigert, sich dem Willen des Architekten zu unterwerfen? Ist generell die Gestaltung/Ästhetik der 80er Jahre Architektur nachvollziehbar?

Tusche habe ich für mich wiederentdeckt. Während mein Pinsel flüssigkeitsabhängig Flächen als monochrome Farbräume anlegt, sowie Räumlichkeit und figürliche Präsenz suggeriert, arbeitet meine Feder akzentuierend dagegen, sie flieht, verfolgt, umkreist oder ignoriert. Tusche ist mein Freund und Feind, sie zwingt mich zur Präzision und Fokussierung. Fehler werden mir spannungssteigernd nicht verziehen. Manchmal ist der Grat zwischen Gelingen und Grausen schmal. Unkontrollierte Farblachen gehören zum Geschäft.

Die monochrome Technik in der Kunst ist uralt, sie beinhaltet für mich mit unerschöpflich vielfältigen Farbnuancen eine besondere Kraft und ist grenzenlos. Genauso wie die Ansichten einer Stadt!

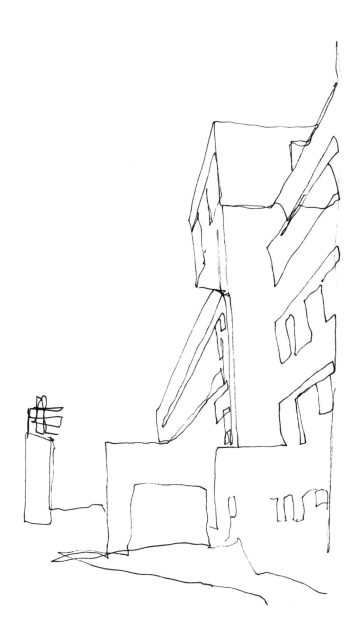

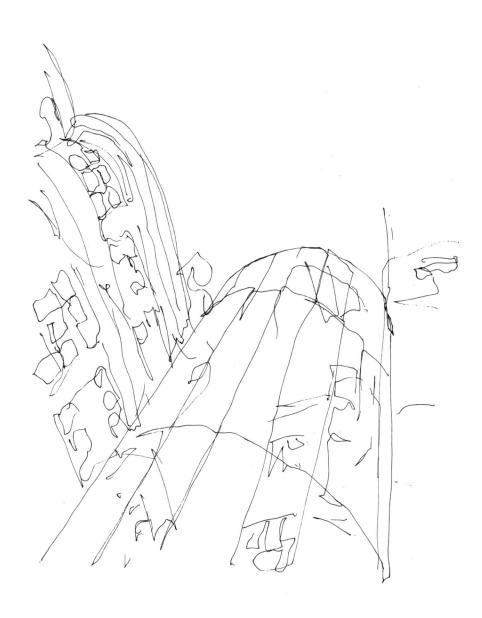

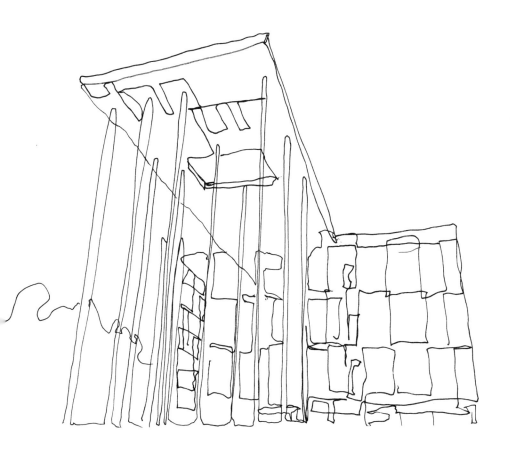

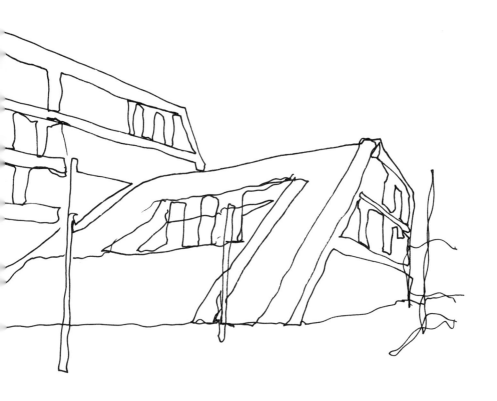

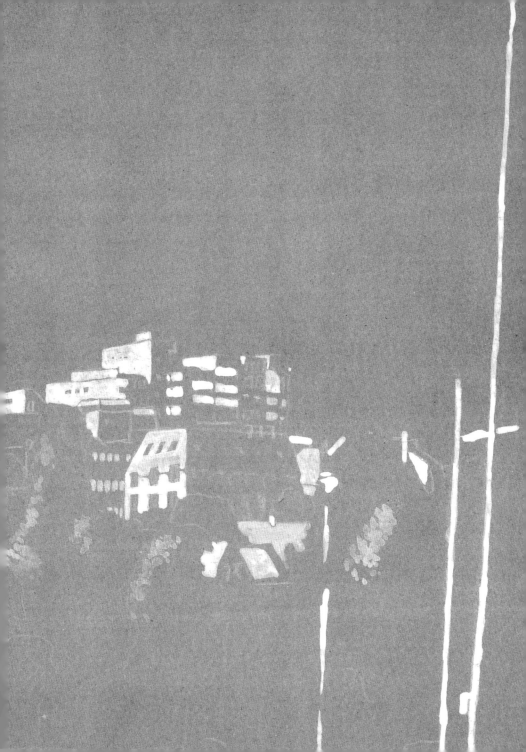

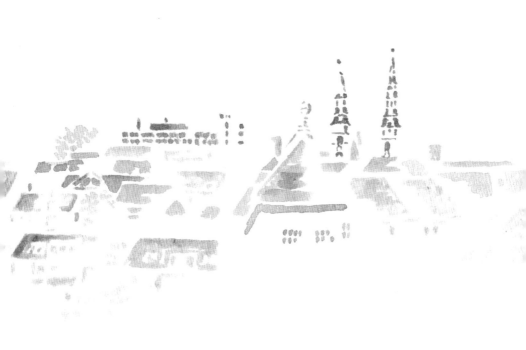

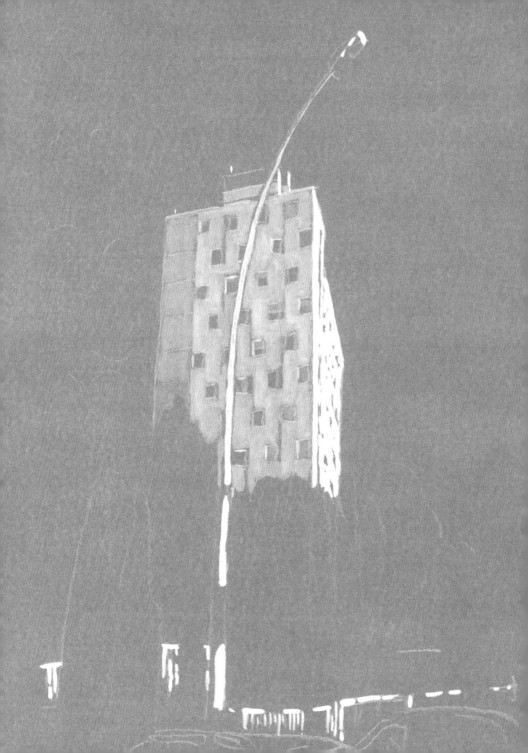

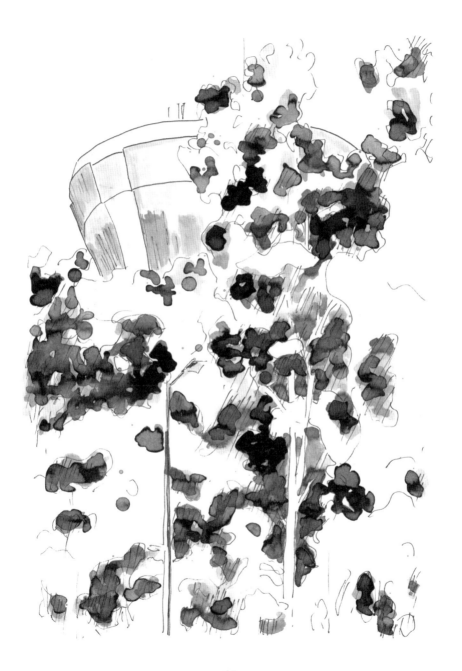

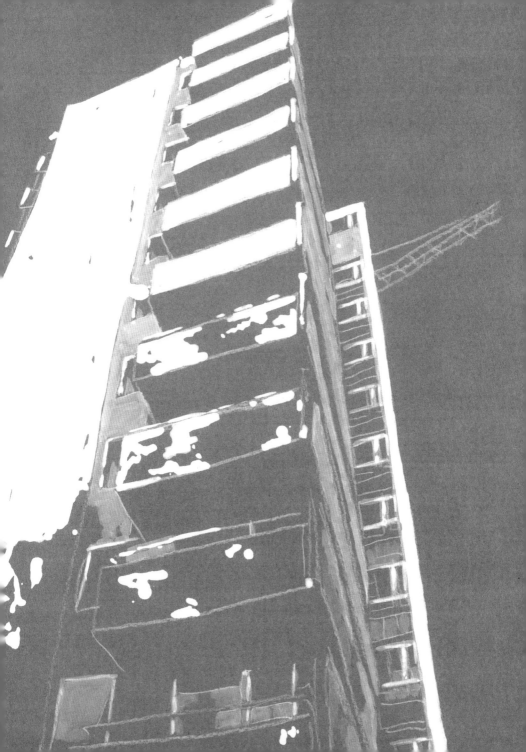

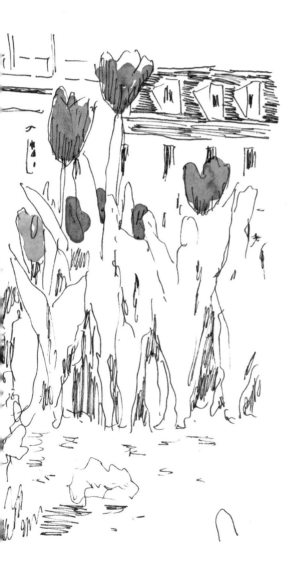

123

BILDNACHWEIS

Seite 3
BLEYLE TURM
Tusche, Feder | 20 × 30 cm

Seite 7
URBANHARBOR –
SCHWIEBDERDINGERSTRASSE
Tusche, Feder, Pinsel | 20 × 30 cm

Seite 8/9
HÜNERSDORFF – SOLITUDEALLEE
Tusche, Feder | 30 × 20 cm

Seite 11
KÖNIGSALLEE
Tusche, Feder | 20 × 30 cm

Seite 12
SCHILLERPLATZ – KREISSPARKASSE I
Tusche, Feder, Pinsel | 20 × 30 cm

Seite 15
STAATSARCHIV – EH. ZEUGHAUS
Tusche, Feder, Pinsel
Hahnemühle Papier | 60 × 42 cm

Seite 16/17
MANN + HUMMEL
Tusche, Feder | Hahnemühle Papier
42 × 30 cm

Seite 18
STUTTGARTERSTRASSE
Tusche, Feder | Hahnemühle Papier
42 × 60 cm

Seite 19
KARLSTRASSE
Tusche, Feder | Hahnemühle Papier
42 × 60 cm

Seite 20
STUTTGARTERSTRASSE –
KARLSHÖHE
Tusche, Feder | Hahnemühle Papier
42 × 30 cm

Seite 21
STUTTGARTERSTRASSE
Tusche, Feder | Hahnemühle Papier
60 × 42 cm

Seite 22
OSSWEIL
Tusche, Pinsel | Clairefontaine Gris
30 × 42 cm

Seite 23
STUTTGARTERSTRASSE
Tusche, Feder | Hahnemühle Papier
60 × 42 cm

Seite 24/25
KREUZUNG STERN
Tusche, Feder | Hahnemühle Papier
42 × 60 cm

Seite 26
VILLA FRANCK
Tusche, Pinsel | 20 × 30 cm

Seite 27
URBANHARBOR

Seite 28
AKADEMIEHOF FILM UND MEDIEN
Tusche, Feder | Hahnemühle Papier
42 × 60 cm

Seite 29
SCHILLERPLATZ
Tusche, Feder | Hahnemühle Papier
42 × 60 cm

Seite 30
LUDWIG-JAHN-STADION
Tusche, Feder | Hahnemühle Papier
60 × 42 cm

Seite 31
LUDWIG-JAHN-STADION
Tusche, Feder | 20 × 30 cm

Seite 32
URBANHABOR
Tusche, Feder | Hahnemühle Papier
21 × 30 cm

Seite 33
VOLKSBANK

Seite 34/35
HAHN + KOLB
Tusche, Feder | Hahnemühle Papier
42 × 30 cm

DANKSAGUNG

Es bedurfte lieber Menschen, die dieses Buch möglich gemacht haben und mir
während der Entstehung eine große Hilfe gewesen sind.

Zunächst richtet sich mein Dank an meinen Verlag, der überhaupt bereit war,
etwas das von mir ersonnen wurde, zu veröffentlichen.

Hier möchte ich insbesondere Christian Maron erwähnen.

Großer Dank geht an Lutz Widmaier, was er aus zahllosen unsortierten Bildern
gemacht hat, ist phänomenal.

Lieben Dank an Georg Struck für das schnelle und professionelle Korrekturlesen.

Innigst und herzlichst bedanken möchte ich mich bei meinem alten Freund
Christoph Niemann und Lisa Zeitz, die mir mit ihrer ungeheuren
Kompetenz und Sachverstand stets mit vielen Tipps zur Seite standen. Anfänglich
war ich ganz schön nervös ihnen meine Sammelmappen vorzulegen ...

Und nicht zuletzt geht mein Dank an meine Liebsten zuhause – besonders an
meine liebe Verena, die mich mit Mühe und Geduld hingebungsvoll
unterstützte, und unseren wunderbaren Töchtern Flora, Viola und Henriette,
die mir immer Zeit gegeben haben, mich meinen Bildern zu widmen.

IMPRESSUM

Thomas Wüst.
Tuschiert – Ansichten einer Stadt.

Satz, Druck und Verlag
Ungeheuer + Ulmer KG GmbH + Co.
Verlag. Druckerei. Plakatinstitut.
Ludwigsburg.

Gestaltung
Schmid/Widmaier, München

Papier
Igepa 160 g/m² Design Offset 1.2 naturweiß

Der Abdruck, auch auszugsweise,
ist nur mit ausdrücklicher Genehmigung
des Verlags Ungeheuer + Ulmer gestattet.

© 2020 Verlag Ungeheuer + Ulmer KG GmbH + Co.
Körnerstraße 14-18, 71634 Ludwigsburg
Telefon (07141) 130-0

ISBN 978-3-946061-40-3